Mirjam Müntefering
Ein Zuhause für Brunhilde

Mirjam Müntefering

Ein Zuhause
für Brunhilde

Mit Bildern von Renate Emme

Hase und Igel®

Für Lehrkräfte gibt es zu diesem Buch
ausführliches Begleitmaterial beim Hase und Igel Verlag.

© 2009/2015 Hase und Igel Verlag GmbH, München
www.hase-und-igel.de
Lektorat: Patrik Eis, Karin Bawidamann
Druck: Grafisches Centrum Cuno GmbH & Co. KG

ISBN 978-3-86760-179-5
5. Auflage 2022 (Neuausgabe)

Eine Fundsache mit vier Pfoten

„Nur noch zwei Tage bis zu den Ferien!",
jubelt Sophie und macht einen Luftsprung.
Zusammen mit ihrem Zwillingsbruder Tom
befindet sie sich nach der letzten Unterrichts-
stunde auf dem Heimweg.

Eigentlich gehen beide ja gern zur Schule,
aber Ferien sind eben noch viel besser. Da
kann jeder das machen, was sonst nicht
möglich ist: Tom schläft morgens lange aus,
Sophie dagegen steht früh auf und läuft zum
Spielen in den Garten.

Mama und Papa nehmen sich in den
Sommerferien auch immer zwei Wochen
frei. Dann fahren sie alle zusammen zum
Schwimmen ans Meer, schauen sich alte
Burgen an oder besuchen einen Abenteuerpark. Vor allem deshalb freuen sich die
Geschwister schon ganz besonders auf die
nächsten sechs Wochen und fiebern dem
letzten Schultag entgegen.

Tom wirft einen Blick auf seine Armband-
uhr. „Heute sind wir früh dran. Bestimmt hat
Mama das Mittagessen noch nicht fertig",
verkündet er.

Die Uhr hat er zu seinem letzten Geburts-
tag bekommen. Sie ist knallrot und die
Zeiger sind zwei Fußballspieler, die an
zwölf schwarz-weißen Bällen vorbeiwandern.
Eigentlich hatte er sich einen echten WM-
Fußball gewünscht, doch die tolle Uhr hat
ihn schnell getröstet. Er ist sehr stolz auf sie
und schaut bei jeder Gelegenheit darauf.

„Dann können wir ja vielleicht noch ein
bisschen schaukeln?", überlegt Sophie.

Seit Papa im Garten das Klettergerüst mit
der Schaukel aufgebaut hat, ist sie schaukel-
süchtig. So nennt es jedenfalls Mama, wenn
sie siebenmal rufen muss, bevor Sophie
zum Essen ins Haus gerannt kommt.

„Wer als Erster an der Tür ist, darf noch
schaukeln und der andere muss den Tisch
decken!", ruft sie und rennt los.

„He!", ruft Tom ihr hinterher. „Das ist nicht fair! Du bist ja viel eher losgerannt!" Schnell setzt er sich in Bewegung und läuft hinter seiner Schwester her.

Sophie flitzt den Bürgersteig entlang. Hinter den Gärten biegt sie in den kleinen Trampelpfad ein, den sie manchmal als Abkürzung benutzen. Plötzlich bleibt sie wie angewurzelt stehen. Tom muss scharf abbremsen, um sie nicht über den Haufen zu rennen.

„He! Was ist denn? Gibst du auf, weil ich dich sowieso einhole?", ruft er. Noch ganz außer Atem steht er da und folgt Sophies Blick.

„Was ist das?", fragt er leise und zieht verwundert die Augenbrauen hoch.

„Sieht aus wie ein Karton", meint seine Schwester.

Tatsächlich: Mitten auf dem Weg steht eine große Kiste, die den Durchgang versperrt.

„Wer schmeißt denn hier einfach einen Karton auf den Weg? Das ist doch Umweltverschmutzung!", ärgert sich Tom und geht langsam näher heran.

„Ob was drin ist?", überlegt Sophie und späht neugierig durch einen Schlitz im zusammengeklappten Deckel. Aber in dem Karton ist es dunkel.

Tom schaut sich vorsichtig um. „Vielleicht hat den jemand einfach kurz hier abgestellt?"

Irgendwie haben beide bei dieser Kiste ein ganz sonderbares Gefühl.

„Das glaubst du doch selbst nicht", meint Sophie. „Hier auf diesen Trampelpfad verirrt sich doch kaum jemand außer uns. Nein, ich glaube eher, dass da jemand ganz unauffällig etwas verschwinden lassen wollte."

Sophie liebt Kinderkrimis und Abenteuergeschichten. So ein herrenloser Karton kommt ihr gerade recht. Sie will schon Vermutungen darüber anstellen, was darin versteckt ist, als aus dem Karton ein Geräusch ertönt. Tom und Sophie zucken zusammen und starren auf die Kiste.

„Was war das denn?", flüstert Tom.

„Ach herrje!", wispert Sophie. „Da ist was Lebendiges drin."

In Toms Bauch kribbelt es. „Lass uns reingucken!", sagt er kurz entschlossen und hockt sich neben den Karton. Auch Sophie hockt sich hin.

Vorsichtig fassen die Zwillinge zwei Ecken des Deckels an und ziehen ein bisschen. Langsam, ganz langsam öffnet sich die Kiste. Aufgeregt starren Tom und Sophie hinein, direkt in zwei runde, braune Augen.

„Ein Hund", haucht Sophie und wirft ihrem Bruder einen raschen Seitenblick zu. „Es ist ein kleines Hundebaby."

Tom kann nicht antworten. Sein Mund ist plötzlich ganz trocken. Denn noch viel mehr als einen echten WM-Ball wünscht er sich schon lange einen Hund. Dass ein herrenloses Hundebaby auf einmal hier vor ihm in

einem Karton sitzt, macht ihn sprachlos.
Er blickt hinab auf den Welpen und sagt gar
nichts.

Wie niedlich der kleine Hund ist! Seine
dunklen Augen schauen dic Kinder fragend
an. Die winzige, schwarze Nase glänzt im
hellbraunen Gesicht. Jetzt streckt er sich
und versucht, aus dem Karton herauszu-
klettern. Dabei winselt er herzzerreißend.
Vielleicht möchte er gern zu ihnen auf den

Arm? Auf alle Fälle will er heraus aus der Kiste.

Sophie ist ganz aus dem Häuschen. „Mensch, Tom, bestimmt hat ihn jemand ausgesetzt! Vielleicht wollten die den kleinen Hund nicht mehr haben. Wir müssen ihn unbedingt mitnehmen, sonst stirbt er – so ganz allein. Vielleicht erlaubt Mama ja, dass wir ihn behalten", sprudelt sie aufgeregt hervor.

Tom muss schlucken. So etwas Ähnliches hat er sich auch schon gedacht. Aber … „Mama und Papa werden es ganz sicher nicht erlauben", brummt er missmutig. Dabei kann er seinen Blick gar nicht von diesem kleinen, haarigen Gesicht im Karton losreißen.

Ein Hund. Ein echter Hund! Und Sophie hat sicher recht. Bestimmt ist er ausgesetzt worden. Warum sonst sollte jemand einen Hundewelpen in einem Karton auf einem so abgelegenen Weg zurücklassen?

Das Winseln wird immer stärker. Tom kann das gar nicht mitanhören. Am liebsten würde er sich die Ohren zuhalten.

Sophie jedoch zögert nicht lange, sondern greift einfach in den Karton hinein. Mit der einen Hand fasst sie vorn um die Brust des kleinen Hundes und mit der anderen stützt sie seinen Po ab. Onkel Frank, der selbst zwei tolle Hunde hat, hat ihnen gezeigt, wie man das macht. Denn ein Hund ist schließ-

lich kein Kaninchen, das man einfach am Nackenfell hochnehmen kann.

Als er auf Sophies Arm sitzt, hört der kleine Kerl sofort auf zu winseln. Neugierig schnuppert er an ihrem Hals. Sophie kichert und hält den Welpen vorsichtig fest.

„Was machen wir denn jetzt mit ihm?", will Tom wissen. Der kleine Hund ist so süß! Nur zu gern würde er ihn behalten.

„Was denkst du denn? Erst mal nehmen wir ihn mit nach Hause. Er ist schließlich eine Fundsache. Weißt du nicht mehr? Hat Frau Koch uns doch erklärt."

Stimmt. Tom erinnert sich. Ihre Lehrerin Frau Koch hat ihnen einmal erzählt, dass Tiere vor dem Gesetz als „Dinge" gelten. Wenn man ein Tier findet, muss man das bei der Polizei oder beim Fundbüro melden. Genauso wie eine gefundene Geldbörse.

„Und die Kiste?"

„Die nehmen wir auch mit. Als Beweisstück", erklärt Sophie.

Hundebesuch

Bis nach Hause ist es nicht mehr weit. Die Geschwister gehen jedoch langsam, damit Sophie den Welpen nicht aus Versehen fallen lässt.

Der Kleine scheint sich auf ihrem Arm sehr wohlzufühlen. Er kuschelt sich an Sophie und betrachtet neugierig die Umgebung.

Nur zu gern würde Tom den Hund auch einmal halten. Aber er kämpft dagegen an, denn gleich werden sie zu Hause sein und Mama wird sagen, dass sie den Hund auf keinen Fall behalten können. Und das wird umso schlimmer sein, wenn er das kleine Wollknäuel erst einmal selbst getragen hat.

Tom seutzt tief. Er hat nie verstanden, wieso er keinen Hund haben darf.

Mama meint dazu immer nur: „Papa und ich haben nicht genug Zeit für einen Hund. Und du allein kannst ihn nicht erziehen. Das ist nichts für Kinder!"

Als Tom und Sophie die drei Stufen zur Haustür hinaufgehen, ist ihnen etwas mulmig zumute.

Noch bevor sie den Klingelknopf drücken können, öffnet Mama hektisch die Tür. „Da seid ihr ja endlich. Ich habe mich schon gewundert, wo ihr so lange steckt. Moritz von gegenüber ist schon vor zehn Minuten hier langgegangen. Und ihr seid doch in der gleichen Klasse …" Plötzlich verstummt Mama. Mit großen Augen schaut sie auf das, was Sophie da auf dem Arm trägt.

„Wir haben ein Hundebaby gefunden, sieh nur", sagt Sophie zögernd und dreht sich so, dass Mama das niedliche Etwas besser sehen kann.

„Gefunden?", wiederholt Mama und sieht entsetzt drein. „Wie denn? … Ich meine … Wo denn? … Ich meine … Wieso denn?"

„Er saß in diesem Karton hier. Und der stand auf dem Trampelpfad hinter den Gärten", erklärt Tom und versucht dabei möglichst erwachsen zu klingen. Mama soll bloß nicht denken, dass er sich Hoffnungen macht, sie dürften den Hund behalten.

„In einem Karton?", fragt Mama und schüttelt ungläubig den Kopf. „Aber, ähm …" Sie ringt die Hände und sieht so aus, als wüsste sie gar nicht, was sie jetzt tun soll.

„Können wir vielleicht erst mal rein-kommen?", fragt Sophie und schiebt sich an Mama vorbei. „Er ist zwar noch ein Baby, aber so auf Dauer wird er doch ganz schön schwer."

Im Hausflur setzt sie den kleinen Hund kurzerhand auf den Fliesen ab.

Tom folgt seiner Schwester und schließt die Tür.

Der Hund wackelt auf seinen noch ziemlich kurzen Beinen zur Garderobe. Dort beginnt er an Sophies Gummistiefel zu nagen.

„Wahrscheinlich hat ihn jemand ausgesetzt", sagt Mama da endlich, genau wie Sophie vorhin. Tom hatte schon Angst, sie würde gar nichts mehr sagen.

Dann fährt Mama fort: „Wir müssen ihn ins Tierheim bringen."

„Mama!", jault Sophie auf. „Bitte nicht ins Tierheim! Ach, Mama, können wir ihn nicht behalten? Guck doch mal, wie süß er ist. Und Tom wollte doch schon immer einen kleinen Hund haben. Wir könnten ihn Bruno nennen. So sollte doch Toms Hund immer heißen, weißt du nicht mehr?"

Tom zischt: „Pssst. Sei still, Sophie."
Er hat schon so oft mit Mama über dieses

Thema gesprochen, dass ihm ganz mulmig wird, wenn er nur daran denkt.

Mama sieht ihn verwundert an, sagt aber nichts dazu. Stattdessen beobachtet sie den Hund bei seinem wilden Spiel mit dem

Gummistiefel. Dann streicht sie mit der Hand über Sophies kurz geschnittenes Haar.

„Wir können ihn nicht behalten, Sophie. Wir haben nicht genug Zeit für einen Hund." Wusste Tom es doch, dass sie das sagen würde! „Und einen Namen geben wir ihm auch nicht. Wenn man einem Tier erst mal einen Namen gegeben hat, ist es hinterher noch viel schwerer, es wieder abzugeben. Am besten, wir essen jetzt. Und dann fahren wir zusammen zum Tierheim. Vielleicht hat sich ja schon jemand gemeldet, der den Hund vermisst."

Na, das müsste aber ein seltsamer Jemand sein, findet Tom. Ein Jemand, der erst seinen kleinen Hund in einem Karton irgendwo abstellt und dann zum Tierheim fährt und ihn als vermisst meldet. Nein, Tom ist sich sicher, dass der Welpe ausgesetzt wurde.

Als die Zwillinge Mama in die Küche folgen, läuft der Hund hinter ihnen her. Mitten auf den Fliesen setzt er sich und macht einen kleinen Bach.

„Oje, Bruno …", stöhnt Sophie.

Mama sagt gar nichts, sondern guckt nur.

Tom rennt schnell los und holt einen Putz-lappen. Den nehmen sie auch immer zum Aufwischen, wenn einer von ihnen mal etwas Saft verschüttet. In Windeseile hat er das kleine Missgeschick beseitigt.

„Das ist doch ganz normal", sagt Tom, als er aus dem Bad vom Händewaschen zurückkommt. „Onkel Frank hat erzählt, dass

Welpen am Anfang noch nicht wissen, dass sie nicht ins Haus pinkeln dürfen. Das muss man ihnen erst beibringen. Aber das ist gar nicht schwer, sagt Onkel Frank. Man muss den Hund nur regelmäßig ausführen. Dann lernt er, sein Geschäft draußen zu machen."

Diesmal guckt Mama nicht verwundert, sondern amüsiert. „Onkel Frank scheint euch ja eine ganze Menge über Hunde beigebracht zu haben." Dann verteilt sie das Essen auf die Teller.

Während die drei essen, tapst der kleine Hund in der Küche herum und beschnuppert alles, was ihm begegnet.

„Ob Bruno auch Hunger hat?", überlegt Sophie mit vollem Mund und schielt auf ihren Teller. Dort warten noch etliche Hackbällchen darauf, vertilgt zu werden.

„Sophie, auf keinen Fall bekommt der Hund etwas von deinem Essen!", entscheidet Mama, die ihre Tochter nur zu gut kennt. „Wahrscheinlich würde er das auch

gar nicht vertragen und bekäme Bauchweh.
Im Tierheim haben sie Hundefutter. Das ist
besser für ihn."

„Aber ein bisschen Wasser kann ich ihm
doch geben, oder?", fragt Sophie.

Mama nickt.

Sofort springt Sophie auf, füllt Wasser in
eine kleine Schale und stellt sie vor den
Welpen hin.

Tom sagt gar nicht viel. Er liebt Hackbällchen. Aber heute wollen sie ihm nicht
so recht schmecken. Immer wieder schaut
er aus den Augenwinkeln zu dem kleinen,

hellbraun-grau-weißen Wollknäuel hinunter und vergewissert sich, dass es wirklich hier ist.

Eigentlich macht sich Bruno bei ihnen daheim doch ganz gut, findet Tom. Ja, er kann sich durchaus vorstellen, den neuen Mitbewohner immer bei sich zu haben. Aber natürlich ist Bruno nicht wirklich ein neues Familienmitglied. Er ist nur mal kurz zu Besuch bei ihnen.

Tom seufzt tief.

Im Tierheim

Nach dem Mittagessen ruft Mama bei Papa im Büro an und berichtet ihm kurz, was geschehen ist.

Papa findet es gut, dass Sophie und Tom den kleinen Hund nicht einfach seinem Schicksal überlassen haben, sondern sich um ihn gekümmert haben. Und das mit dem Tierheim findet er auch okay.

Also macht sich Mama mit den Zwillingen auf den Weg. Sophie und Tom sitzen hinten im Auto. Zwischen ihnen liegt Bruno und schläft nach der ganzen Aufregung tief und fest.

„Ich glaube, Bruno fühlt sich bei uns schon richtig wohl", wagt Sophie noch einen Versuch.

Aber Mama sieht sie im Spiegel nur ein- mal kurz an und schüttelt lächelnd den Kopf.

Am Tierheim klettern alle aus dem Auto. Und mit einem Mal hat Tom Bruno auf dem

Arm. Vertrauensvoll kuschelt sich der Welpe an ihn – und Tom wird ganz warm vor Glück und Angst.

Als er auf die Pforte des Tierheims zugeht, möchte er am liebsten umdrehen und mit dem kleinen Hund im Arm ganz schnell wegrennen.

Denn auch wenn sich die Mitarbeiter in einem Tierheim viel Mühe geben, ist es eben ein schrecklicher Ort. Das hört man schon an dem lauten Hundegebell, das beginnt, sobald sich jemand dem Eingang nähert. Diese Hunde sitzen bestimmt alle in ihren Zwingern und warten verzweifelt auf einen neuen Besitzer.

Hinter der Theke im Eingangsbereich sitzt ein junger Mann.

„Guten Tag", sagt Mama und wirkt plötzlich ein bisschen unsicher. „Meine Kinder haben auf dem Heimweg von der Schule ein Hundebaby gefunden. Können wir das bei Ihnen abgeben?"

Der Mann kommt um die Theke herum und betrachtet sie genauer.

„Ich bin Herr Sommer", stellt er sich vor und gibt Mama die Hand.

„Tja, und das hier ist Bruno", sagt Mama verlegen und fügt rasch hInzu: „Die Kinder haben ihn so genannt. Aber das heißt natürlich nicht, dass er schon auf den Namen hört."

„Das würde mich auch überraschen", lacht Herr Sommer. „Ein Hundewelpe braucht

mindestens ein paar Tage, bis er weiß,
wie er heißt. Manchmal dauert das sogar
Wochen. Und eigentlich ist es ja ein kleines
Wunder, dass ein Hund überhaupt irgendwann weiß, wie er heißt, oder? Schließlich
geben sich wilde Hunde auch nicht gegen-
seitig Namen. Dass ein Hund trotzdem
irgendwann auf einen Namen hört, den ihm
ein Mensch gegeben hat, ist schon eine tolle
Leistung, oder?"

Vorsichtig nimmt er Bruno auf den Arm –
ganz richtig übrigens, mit zwei Händen
gleichzeitig – und schaut ihn
sich von allen Seiten an.

Dann lacht er Tom
und Sophie an. „Ihr
seid mir ja zwei
Experten! Bevor ihr
eurem Schützling einen
Namen gebt, hättet ihr
vielleicht mal schauen
sollen, ob er tatsächlich

ein Junge ist. Er ist nämlich gar keiner, sondern ein Mädchen."

Sophie wird ein bisschen rot. „Dann passt Bruno ja gar nicht", murmelt sie verlegen.

„Aber vielleicht Brunhilde?", wirft Mama ein.

Tom traut seinen Ohren kaum. Hat Mama nicht vorhin selbst gemeint, dass sie dem Welpen keinen Namen geben sollen? Verstohlen schaut er zu Mama, die selbst ganz verwundert darüber zu sein scheint, was sie gerade gesagt hat.

Herr Sommer streichelt den Hund, der eigentlich ein kleines Hundemädchen ist. Er schüttelt den Kopf. „Dass das immer wieder vorkommt, ist eine Tragödie! Da wird ein kleiner Hund angeschafft, so wie eure Brunhilde hier, und nach ein paar Tagen oder spätestens ein paar Wochen wird den Menschen klar, wie viel Arbeit er macht. Und dann wollen sie ihn wieder loswerden. Nur die wenigsten trauen sich, ihn hierher zu bringen. Sie schämen sich, weil sie nämlich im Grunde wissen, wie schrecklich es ist, ein Lebewesen hin und her zu schubsen. Und weil sie sich so schämen, stecken sie den kleinen Hund oder die Katze oder das Meerschweinchen in einen Karton und stellen ihn dann einfach irgendwo ab. Gut, dass ihr die Kleine gefunden habt!"

Mama muss ein Formular ausfüllen und ihre Adresse und Telefonnummer aufschreiben.

In der Zwischenzeit verschwindet Herr Sommer mit Brunhilde und kommt nach einer Weile ohne das kleine Hundemädchen zurück.

„Was passiert denn jetzt mit Brunhilde?", will Tom ängstlich wissen. Als ihm klar wird, dass er Brunhilde vielleicht nie mehr wiedersehen wird, spürt er einen dicken Kloß in seinem Hals. Wie gern hätte er sie vorher noch einmal gestreichelt! Nun ist es zu spät: Der gefürchtete Moment des Abschieds ist

einfach vorbeigegangen, ohne dass er es
vorher gewusst hat.

„Brunhilde wird von unserer Tierärztin
untersucht", erklärt Herr Sommer. „Sie sieht
zwar gesund aus, aber trotzdem muss sie
zwei Wochen lang in Quarantäne bleiben.
Auch wenn es jetzt nicht so aussieht, könnte
es ja sein, dass sie eine schlimme Krankheit
hat. Und wir wollen ja nicht, dass sie die
anderen Hunde ansteckt, nicht wahr?"

„Was heißt Quarantäne?", fragt Tom
sofort nach.

Sophie sieht ihn bewundernd an. Sie hat
sich das schwierige Wort nicht genau
merken können.

„Sie muss von den
anderen Hunden isoliert
werden", erklärt Mama ihm.

„Ganz allein?", fragt
Sophie. Ihre Augen füllen
sich mit Tränen. Eigent-
lich weint sie nie, aber

dass Brunhilde jetzt zwei Wochen ganz allein sein wird, das ist doch wirklich zum Heulen!

„Tja, so ist das leider", antwortet Herr Sommer traurig. „Es sei denn …" Er sieht die drei aufmerksam an. „Es sei denn, wir finden eine Pflegefamilie für Brunhilde."

„Pflegefamilie?", wiederholen Tom und Sophie wie aus einem Mund.

„Ja, eine Familie, bei der sie zwei oder vielleicht auch mehr Wochen lang bleiben kann, ohne Kontakt zu anderen Hunden zu haben. Wir bezahlen die Untersuchung beim Tierarzt und geben Futter mit. Natürlich muss der Hund auch vorgestellt werden, wenn sich ein neuer Besitzer für ihn interessiert …"

„Was schauen Sie mich so an?", fragt Mama und räuspert sich. „Ich arbeite vor-mittags. Eine Pflegefamilie muss doch sicher den ganzen Tag für den Hund da sein. Sie haben gerade selbst gesagt, dass ein junger Hund sehr viel Arbeit macht."

Herr Sommer nickt. „Ja, das stimmt natürlich. Man muss mit ihm spielen und ihn beschäftigen, ihn bürsten, ihm seine Mahlzeiten geben und darauf achten, dass er oft genug rauskommt, um sein Geschäft zu machen. Das kann einen schon ganz schön in Atem halten."

„Dazu habe ich wirklich keine Zeit, tut mir leid", sagt Mama und ihre Stimme klingt so, als ob es ihr wirklich sehr leidtäte – viel mehr, als Tom je gedacht hätte.

„Du, Mama? Darf ich mich von Brunhilde noch verabschieden? Dafür war gerade gar keine Zeit", bittet Sophie inständig.

Tom zuckt innerlich zusammen. Das wollte er doch auch gern! Andererseits wird das den Abschied noch schwerer machen.

Herr Sommer blickt fragend zu Mama.

Mama seufzt. „Also gut. Wo ist sie denn?"

Sie folgen Herrn Sommer durch ein paar Türen und Flure und gehen über einen Hof, auf dem viele Hundezwinger stehen. Die

meisten Hunde in den Zwingern bellen.
Manche springen sogar am Gitter hoch.
Andere hingegen sitzen einfach nur in der
hintersten Ecke ihres Zwingers und schauen
nicht einmal her.

Mama beschleunigt ihren Schritt. Alle
drei atmen auf, als eine weitere Tür hinter
ihnen zufällt und das Hundegebell nur noch
gedämpft zu hören ist.

Herr Sommer schaut in einen Raum und sagt: „Wie ich sehe, ist Brunhilde mit der Untersuchung schon fertig." Er winkt Mama und die Zwillinge zu sich in den kleinen Raum, der wie eine Tierarztpraxis aussieht. Eine Frau steht am Waschbecken und wäscht sich gerade die Hände.

„Das ist unsere Tierärztin Frau Specht", stellt Herr Sommer die junge Frau vor. „Und? Ist alles in Ordnung mit unserem Neuzugang?"

Die Tierärztin nickt. „Sie ist völlig gesund. Aber geweint hat sie."

„Bestimmt hat sie uns vermisst", flüstert Sophie und klammert sich an Mamas Hand.

Tom geht zu der kleinen Box in der Ecke des Zimmers. Dort sitzt Brunhilde. Traurig steckt Tom die Finger durch die Stäbe und krault sie am Kopf. „Tschüss, Brunhilde", sagt er leise.

„Mama", hört er da Sophie sagen. „Über-morgen haben Tom und ich doch Ferien …"

Tom hebt den Kopf und blickt zu Mama. Er sieht ihr an, dass Brunhildes Anblick in dieser Box ihr auch wehtut.

Mama schluckt und wendet sich dann an Herrn Sommer: „Was meinen Sie? Kann ich meine Kinder und Brunhilde vormittags miteinander allein lassen? Es wäre

nur die nächste Woche. Dann habe ich Urlaub."

Herr Sommer betrachtet Sophie und Tom nachdenklich. Beide halten den Atem an.

„Das ginge schon", überlegt er. „Aber nach der Quarantäne sollten die beiden mit Brunhilde unbedingt in die Hundeschule.

Damit sie mehr über Hunde lernen und nicht mehr ein Mädchen für einen Jungen halten."

Herr Sommer lächelt.

„Bitte, Mama!", bettelt Sophie.

Tom ist wie gelähmt. Kein Wort bringt er heraus. Sie könnten Brunhildes Pflegefamilie sein!

„Seid ihr sicher, dass ihr das wollt?", fragt Mama ihre Zwillinge skeptisch. „Das würde bedeuten, dass ihr euch vielleicht die gesamten Ferien um Brunhilde kümmern müsst. Wir wissen ja nicht, wann jemand sie haben möchte. Vielleicht dauert es länger. Ihr müsst mit ihr rausgehen, sie bürsten, füttern, mit ihr in die Hundeschule gehen. Dann können wir natürlich nicht ans Meer fahren, alte Burgen besichtigen oder in einen Abenteuerpark gehen …"

Tom wirft seiner Schwester einen raschen Blick zu. Sophie geht für ihr Leben gern in die Parks. Sie liebt es, die Wasserrutschbahnen hinunterzusausen und Zuckerwatte zu essen. Aber er hätte sich keine Sorgen zu machen brauchen.

„Ein Hund ist doch Abenteuer genug!", ruft Sophie entschlossen.

Dazu kann Tom natürlich nur eifrig nicken.

„In Ordnung", wendet sich Mama wieder an Herrn Sommer. „Dann braucht Brunhilde nur zwei Tage hierzubleiben. Wir holen sie übermorgen ab."

Als Papa am Abend nach Hause kommt, berichten ihm die Zwillinge sofort aufgeregt die Neuigkeiten. Er macht ganz schön große Augen, denn schließlich hat er nicht damit gerechnet, dass seine Familie plötzlich einen kleinen Hund bekommt.

Aber Mama erklärt ihm, was es mit einer Pflegefamilie auf sich hat. Sie zeigt ihm auch den Vertrag, den sie und Herr Sommer unterschrieben haben. Da ist Papa beruhigt.

„Vielleicht ist das gar nicht so schlecht", murmelt er und wirft seinem Sohn Tom einen Blick zu. „Dann kannst du mal sehen, wie anstrengend es ist, einen Hund zu haben. Nach zwei Wochen bist du bestimmt froh, wenn eure Brunhilde einen neuen Besitzer findet."

Tom als Pflegepapa

Am letzten Schultag holt Mama Tom und Sophie von der Schule ab. Sie fahren sofort zum Tierheim und holen Brunhilde zu sich nach Hause. Der kleine Welpe freut sich sichtlich, dass er aus dem engen Käfig herausdarf.

Die nächsten Tage vergehen wie im Flug. Tom ist glücklich. Alles kommt ihm vor wie ein wunderbarer Traum. An die Zeit in zwei Wochen will er gar nicht denken.

Jeden Tag spielen und toben er und Sophie mit Brunhilde herum. Dabei vergessen sie nicht, den Welpen regelmäßig zu füttern und in den Garten zu bringen.

Nachts schläft Brunhilde in einem Körbchen im Wohnzimmer. Damit sie nicht so allein ist, schlafen Mama und Papa abwechselnd auf der Ausziehcouch.

Nach dem Abendessen legt sich Tom meistens auf die Couch, um mit dem kleinen

Wollknäuel zu schmusen. Aber Brunhilde
will das gar nicht: Immer wenn Tom mit ihr
kuscheln möchte und sie sanft streichelt,
dreht sie ihren kleinen Kopf und beißt ihn mit
nadelspitzen Zähnchen in die Finger. Einmal
hat sie ihn sogar in die Nase gebissen. Das
tat höllisch weh.

Ein bisschen macht Tom sich Sorgen
wegen dieses Verhaltens. Onkel Franks

Hunde sind beide sehr verschmust. Sie lieben es, gekrault zu werden, und kämen nie auf die Idee, ihn zu beißen.

Tom traut sich aber nicht, Onkel Frank danach zu fragen, ob Brunhilde früher oder später aufhören wird, nach ihm zu schnappen. Denn falls nicht, würde Mama ihn bestimmt nicht mehr liebevoll „Brunhildes kleiner Pflegepapa" nennen. Stattdessen müsste Brunhilde dann bestimmt sofort zurück ins Tierheim.

Vielleicht wird Tom ja erfahren, was es mit diesem Zwicken auf sich hat, wenn sie endlich in die Hundeschule gehen dürfen.

Nach zwei Wochen muss Brunhilde noch einmal zur Tierärztin.

„Alles in Ordnung", sagt die Ärztin und erlaubt Tom und Sophie, mit Brunhilde in die Welpengruppe der Hundeschule zu gehen. Am Samstag geht es los.

Als Mama am Abend Papa davon erzählt, verspricht Papa, dass er mitkommen wird.

„Eine Hundeschule bekommt man ja nicht jeden Tag zu sehen", meint er.

Eine Schule nur für Hunde

Am Samstagmorgen hat Papa dunkle Ringe unter den Augen, weil Brunhilde in der Nacht zweimal hinausmusste. Trotzdem klingt er ganz munter, als er sagt: „Erster Schultag für unsere Brunhilde!"

Tom fällt auf, dass er zum ersten Mal nicht mehr „eure", sondern „unsere" Brunhilde gesagt hat.

Die Hundeschule befindet sich auf einer großen, eingezäunten Wiese. Viele bunte Sachen stehen dort herum, zum Beispiel eine blaue Wanne mit vielen Bällen darin und ein Tunnel aus Stoff.

„Was passiert denn in einer Hundeschule eigentlich genau?", will Sophie von einer der Hundetrainerinnen wissen.

„Oh, hier lernt ihr nicht nur, wie ihr eurem Hund ‚Sitz' und ‚Platz' beibringt", erklärt Anke, die Trainerin. „Ihr lernt auch, wie euer Hund zu euch spricht und wie ihr mit ihm so

reden könnt, dass er euch versteht. Das ist oft noch viel wichtiger, als dass er jedes Kommando sofort befolgt."

„Ich wette, Brunhilde versteht genau, was ich sage. Und ich weiß auch immer, was sie mir sagen will", meint Sophie im Brustton der Überzeugung und drückt Brunhilde eng an sich.

Anke schüttelt den Kopf. „Wenn du noch nie einen Hund hattest, wirst du eine Menge lernen müssen. Deine kleine Hündin hat dir nämlich gerade deutlich gesagt, dass sie es nicht mag, wenn du sie so fest an dich drückst."

„Was?" Sophie ist empört.

„Ja, sie hat den Kopf zur Seite gedreht. Wir Menschen glauben immer, dass es für einen Hund toll sein muss, wenn wir ihn so richtig drücken. Aber das mag ein Hund gar nicht. Er liebt es auch nicht, wenn wir ihm den Kopf tätscheln oder auf den Rücken klopfen. Nichts davon hat ein Hund gerne, glaub mir. Dass Brunhilde den Kopf weggedreht hat, bedeutet, dass sie deine Liebkosung nicht mag. Verstehst du?"

Sophie überlegt kurz und nickt dann betrübt. Sie setzt Brunhilde auf den Boden. „Aber wie soll ich ihr denn sonst zeigen, dass ich sie lieb habe?", fragt sie niedergeschlagen.

Anke lächelt, als wäre es gar nicht so schlimm, so wenig über Hunde zu wissen – solange man nur dazulernen will. „Du kannst sie ganz zart vorn an der Brust kraulen. Oder hier unter dem Kinn."

Als Anke Brunhilde unter dem Kinn krault, seufzt die kleine Hündin wohlig und hält auch noch ihren Hals hin. Ja, eigentlich ist ganz deutlich zu sehen, dass Brunhilde dieses Streicheln richtig mag.

„Und wenn sie eine Aufgabe gut gemacht hat, dann belohnst du sie am besten mit einem Leckerchen. Denn das ist das tollste Lob."

In der Welpengruppe sind außer Brunhilde noch sieben andere Welpen. Anfangs kann man sie gar nicht zählen, weil alle durcheinanderkugeln.

Tom, Sophie und ihre Eltern erfahren, dass die Welpengruppe sozusagen der Kindergarten für Hunde ist. Hier beginnt die Ausbildung eines Familienhundes erst. Die Übungen sind deshalb auch noch sehr einfach. Zum Beispiel soll Brunhilde sich auf das Kommando „Sitz" hinsetzen.

Die Trainerinnen zeigen den Besitzern, wie sie ihren Hunden diesen Befehl beibringen können. Sie erklären, dass man den Hundepopo dabei nicht herunterdrücken soll, denn das mögen Hunde gar nicht.

Nun sind die Welpenbesitzer mit ihren Hunden an der Reihe. Alle stehen im Kreis und jeder darf die Übung ein paarmal zeigen.

Anke entscheidet, dass Mama es mit Brunhilde zuerst versuchen soll. Mama hält Brunhilde ein Leckerchen direkt vor die Nase

und führt es ganz langsam nach oben. Brunhildes Kopf kippt ein bisschen nach hinten
und schon plumpst ihr Po auf den Boden.
„Sitz!", sagt Mama dazu und strahlt stolz in

die Runde. Dann darf auch Tom es versuchen. Sophie und Papa dürfen in der
nächsten Stunde das Kommando „Platz"
ausprobieren.

„Ganz wichtig ist, dass immer nur einer mit dem Hund übt", schärft Anke ihnen noch ein. „Redet bloß nicht alle auf einmal auf Brunhilde ein! Das wäre in etwa so hilfreich, als wenn in der Schule vier Lehrer vorn stehen und euch gleichzeitig etwas erklären würden."

„Ach du Schreck!", entfährt es Sophie. „Mir reicht schon eine Lehrerin!"

Die Welpenstunde vergeht wie im Flug. Als es schließlich heißt: „Anleinen! Die Stunde ist zu Ende!", können Tom und Sophie kaum glauben, dass Brunhildes erster Kindergartentag schon vorbei ist.

Während Sophie mit Leine und Halsband Brunhilde einzufangen versucht, nimmt Tom seinen ganzen Mut zusammen und geht allein zu Anke. Schon die ganze Zeit möchte er sie etwas fragen.

„Anke, was heißt es denn, wenn Brunhilde mit einem Menschen nicht schmusen will und ihn stattdessen in die Nase beißt?

Bedeutet das, dass sie diesen Menschen nicht mag?"

Ankes Blick huscht über Toms zerkratztes Gesicht. Aber sie lacht nicht, sondern lächelt ihn nur freundlich an. „Nein, da brauchst du keine Angst zu haben. Eure Brunhilde ist ja noch ein Baby. Manche Dinge muss sie erst noch lernen. Zum Beispiel, wie man sich Menschen gegenüber benimmt. So ein kleiner Hund hat nämlich noch keine ‚Beiß-

hemmung'. So nennt man es, wenn ein Hund nie auf die Idee kommen würde, einen Menschen zu beißen. Welpen kennen das noch nicht und probieren alles aus. Das hat überhaupt nichts damit zu tun, ob sie eine Person mögen oder nicht."

„Und wie zeige ich Brunhilde dann am besten, dass ich das nicht will?", fragt Tom kleinlaut und reibt sich verlegen die Nase.

„Am besten schreist du laut ‚Au!' und gehst sofort weg. Dann merkt sie, dass sie ihren Spielgefährten vertreibt, wenn sie beißt. Und dann wird sie das nächste Mal vorsichtiger sein", schlägt Anke vor. „Keine Sorge, Tom. In ein paar Wochen wird sie ganz wild darauf sein, mit dir zu schmusen. Da bin ich mir sicher."

„In ein paar Wochen?", wiederholt Tom und kann nicht verhindern, dass seine Stimme plötzlich ganz mutlos klingt. Wer weiß denn schon, ob Brunhilde in ein paar Wochen noch bei ihnen ist?

Doch dann reißt er sich zusammen und sagt: „Okay. Ich werde es so machen. Schließlich soll Brunhilde bei uns lernen, wie sie sich richtig benimmt, damit sie es leichter hat, ein gutes Zuhause zu finden."

„Wieso ein Zuhause finden?", fragt Anke verwundert.

„Wir sind doch nur ihre Pflegefamilie", antwortet Tom.

In dem Moment kommt Mama dazu. Sie erzählt Anke, wie Tom und Sophie Brunhilde gefunden haben. Und dass sie sie nicht behalten können, weil Mama nach ihrem Urlaub wieder arbeiten muss. Schließlich wäre Brunhilde dann jeden Vormittag ein paar Stunden ganz allein zu Hause.

Erleichtert lacht Anke auf. „Aber das ist doch ein Klacks für einen guten Hund!", sagt sie. „Was meinen Sie denn, wie ich es mache, wenn ich Hausbesuche bei Hunde-besitzern machen muss? Da kann ich meine Hunde doch auch nicht mitnehmen. Oder wenn ich mal ins Kino gehen will oder über den Weihnachtsmarkt? Nein, drei oder vier Stunden allein zu Hause sind kein Problem für einen Hund, der am Tag ausreichend spazieren gehen und spielen kann."

Mama schaut so verdutzt, dass Tom fast laut gelacht hätte.

Aber auf dem Heimweg, als Papa und Sophie noch munter über die Stunde reden, sind Mama und Tom merkwürdig still.

Happy End für Brunhilde

Am Mittwochnachmittag spielt Tom gerade hinten im Garten mit Brunhilde, als es an der Haustür läutet.

„Ich mach auf!", ruft Sophie und springt von der Schaukel.

Aber Mama ist offenbar schneller, denn kurz darauf erscheint sie zusammen mit Sophie und einem Mann in der Terrassentür.

Tom blinzelt ein bisschen gegen die Sonne. Als die drei näher kommen, durchfährt ihn ein eisiger Schreck: Der Mann neben Mama ist Herr Sommer vom Tierheim. Rasch sieht Tom sich nach Brunhilde um, die unter dem Ginsterbusch liegt und mit einem Stöckchen spielt.

„Hallo, junger Mann. Na, wie geht's mit unserem kleinen Bruno?", zwinkert Herr Sommer ihm zu.

„Hallo", antwortet Tom leise. Sicher ist Herr Sommer gekommen, um Brunhilde

mitzunehmen. Bestimmt haben die Tierheim-
mitarbeiter eine Familie für sie gefunden.

Doch statt Brunhilde hochzunehmen,
schaut Herr Sommer sie nur aufmerksam an
und krault sie unter dem Kinn. Dann richtet
er sich wieder auf und lächelt Mama freundlich an. „Also, ich denke, da müssen wir uns
keine Sorgen machen. Dem Hund geht es
hier hervorragend. Wir können den Schutz-
vertrag abschließen."

Tom stellt sich neben ihn. „Schutz-
vertrag?", fragt er. „Was ist denn das jetzt
schon wieder?"

Herr Sommer zuckt die Achseln. „Das ist
so üblich, wenn man einen Hund aus dem
Tierheim übernimmt. Wir schließen einen
Vertrag, in dem zum Beispiel steht, dass der
Hund nicht an andere Personen weiterver-
kauft werden darf. Der Vertrag ist dazu da,
um das Tier davor zu schützen, dass es

noch einmal etwas Schlimmes erleben muss. Verstehst du?"

Tom versteht gerade gar nichts. Verdutzt starrt er Mama an. Auch Sophie macht große Augen.

Mama lächelt. „Papa und ich haben beschlossen, dass wir Brunhilde behalten. Ich habe nicht nur mit Anke, sondern auch mit Herrn Sommer gesprochen. Beide meinen, dass es wirklich kein Problem für Brunhilde sein wird, wenn sie ein paar Stunden am Tag allein bleibt. Und da ihr beiden ja auch nach fast drei Wochen noch Freude an Brunhilde habt, seid ihr doch bestimmt dafür, oder?"

Sophie bricht sofort in lautes Jubelgeschrei aus und macht vor Freude einen Handstand.

Brunhilde erschrickt und verkriecht sich unter dem Busch.

Tom hat schon Angst, dass Herr Sommer sie nun doch vielleicht lieber mitnehmen möchte. Aber der lacht nur fröhlich über die

runden Hundeaugen, die aus dem Ginsterbusch verwundert zu ihnen herübersehen.

„Tom? Was meinst du?", fragt Mama.

Tom kann vor lauter Glück erst einmal gar
nichts sagen. Er schaut zu Brunhilde, die
sich gerade wieder hervortraut und neugierig
schnuppert. Und plötzlich – er weiß gar
nicht, wie das passieren konnte – kullert
eine Träne über seine Wange. Verstohlen
wischt er sie weg.

Mama hat es bestimmt trotzdem gesehen, denn ihr scheint das als Antwort zu genügen.

„Dann gehen wir jetzt ins Haus und regeln alles Schriftliche", sagt sie und geht mit Herrn Sommer hinein.

Tom würde Brunhilde am liebsten ganz fest in den Arm nehmen und an sich drücken, so sehr freut er sich. Aber seit der ersten Stunde in der Hundeschule weiß er ja, dass sie das gar nicht mag. Also holt er rasch den kleinen Ball aus der Tasche und rollt ihn über den Rasen. Begeistert jagt Brunhilde hinterher. Ja, so merkt sie, wie lieb er sie hat! Ausgelassen toben die beiden im Garten und Tom ist sich sicher: Mit Brunhilde wird ihm bestimmt nie langweilig!

Leseprobe aus:

Barbara Wendelken,
Jonas und der Heuler

Schulausgabe erschienen im
Hase und Igel Verlag, München
ISBN 978-3-86760-177-1

Begleitmaterial für Lehrkräfte
ISBN 978-3-86760-477-2

Sabine fasst nach Jonas' Arm. „Guck mal, da vorn stehen ganz viele Menschen. Was da wohl los ist?"

Und dann hören sie etwas, ein klägliches Heulen.

„Da weint ein Baby", sagt Jonas.

„Nee, Stöpsel, das hört sich an wie ein Heuler, ein Seehundbaby." Sabine rennt los.

Die Menschen stehen dicht gedrängt um ein jämmerlich heulendes Seehundbaby.

„Wie süß!", ruft eine dicke Frau. „Das muss ich unbedingt fotografieren. Ob ich es auf den Arm nehmen kann?"

„Bloß nicht!", sagt ihr Mann. „Seehunde sind Raubtiere. Sie können beißen."

– Leseprobe –

Ein Mädchen tippt das Seehundbaby mit dem Fuß an. „Bist du krank? Warum zitterst du so?" Das Mädchen zieht seine Jacke aus und deckt den kleinen Seehund damit zu. „Damit du nicht mehr frieren musst."

Sabine und Jonas haben die Menschentraube erreicht. Sabine ist schrecklich wütend. „Gehen Sie zurück! Hundert Meter sind der Mindestabstand!" Sie zeigt auf das Wasser. „Dort ist die Mutter. Sie will ihr Kind holen. Aber sie traut sich nicht heran, wenn hier so viele Menschen stehen. Gehen Sie bitte weiter!"

Tatsächlich schwimmt ein großer Seehund vor dem Strand hin und her. Dann und wann gibt er leise Töne von sich. Jedes Mal antwortet das Baby mit jämmerlichem Geheule.

Ein älterer Mann sieht Sabine streng an. „Woher willst du wissen, dass das die Mutter ist? Misch dich hier nicht ein. Das Seehundbaby ist krank und braucht einen Tierarzt. Davon verstehst du nichts."

„Ich arbeite in der Seehundaufzucht-
station in Norddeich. Ich verstehe eine
ganze Menge davon. Und ich weiß, dass
der Heuler nicht krank ist. Er braucht einfach nur seine Mutter!" Sabine zeigt wieder
auf den erwachsenen Seehund im Wasser.

Niemand will auf sie hören. „Ich glaube,
ich lasse mich doch mit dem Seehund auf
dem Arm fotografieren. Er wird mich schon
nicht beißen." Die dicke Frau beugt sich
herunter. Sie zieht die Jacke fort, die das
Mädchen über den Seehund gelegt hat.
Dann versucht sie, den Heuler hochzuheben.
Sie stellt sich sehr ungeschickt dabei an.

„Das dürfen Sie nicht!", schreit Jonas.
Der kleine Seehund tut ihm schrecklich
leid. Und Sabine tut ihm auch leid. Sie ist
so wütend, dass ein paar Tränen über ihr
Gesicht kullern.